„Um mich ganz zu verlieren,
hätte ich sicher sein müssen,
daß ich mich nicht mehr brauche."

Marcelle Sauvageot

IT MEANT NOTHING.
I SWEAR
IT MEANT NOTHING TO ME.
IT WAS STUPID.
IT WAS
THE BIGGEST MISTAKE
I HAVE EVER MADE.

Ich wünschte,
ich hätte nicht
gefragt.

Ich weiß, ich habe gefragt. Ich habe es wissen wollen. Ich habe das alles wissen wollen, weil ich dachte, wenn ich nur alles weiß bis ins kleinste Detail. Mir das ganz genau vorzustellen war wichtig, damit du dich nicht verstecken kannst.
Damit ich aus deinen Worten die Wahrheit bilden kann und jetzt wo diese Wahrheit vor mir steht, merke ich, dass das nicht die Wahrheit ist, sondern eine Kalaschnikow.

Ich glaube ich werde langsam verrückt

Ich meine mit wem rede ich hier?

ich sollte schreiben. Ein Wort auf's Papier setzen. Etwas das nach mir noch da bleibt, wenn meine Worte schon verklungen sind.

– Ich versuche mich daran zu erinnern wie es schön war. Weißt du das Glück das, das hab ich doch nicht nur allein gespürt. Das war doch gemeinsam, das hab ich doch nicht nur allein gespürt. Das war doch gemeinsam, das hab ich doch in deinen Augen gesehen oder nicht?

Oder

nicht.

Hab ich das, war das in Wirklichkeit nur meine Projektion, mein Spiegel?

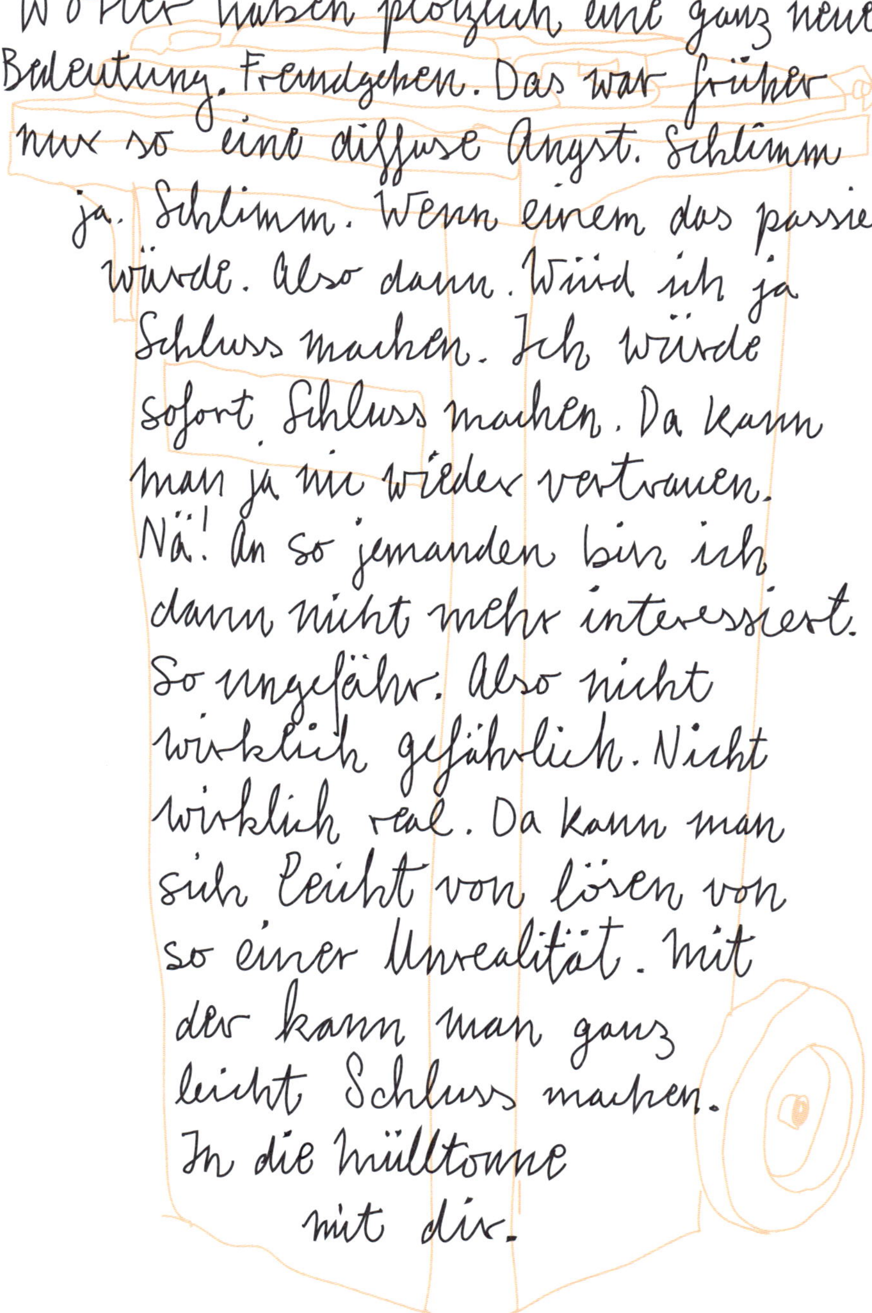

Wörter haben plötzlich eine ganz neue
Bedeutung. Fremdgehen. Das war früher
nur so eine diffuse Angst. Schlimm
ja. Schlimm. Wenn einem das passieren
würde. Also dann. Würd ich ja
Schluss machen. Ich würde
sofort Schluss machen. Da kann
man ja nie wieder vertrauen.
Nä! An so jemanden bin ich
dann nicht mehr interessiert.
So ungefähr. Also nicht
wirklich gefährlich. Nicht
wirklich real. Da kann man
sich leicht von lösen von
so einer Unrealität. Mit
der kann man ganz
leicht Schluss machen.
In die Mülltonne
mit dir.

Aber in der Realität wo
du Zuhause wartest und den
ganzen Tag so glücklich warst.
So verdammt glücklich.
wie so:

So hab ich mich noch nie gefühlt, glaub ich. Ist das so wie andere Menschen sich fühlen? So grundsätzlich glücklich. Zufrieden. Länger als eine Woche? Länger als einen Monat. Für immer? Kann das sein? Kann das jetzt vielleicht doch für immer? Also natürlich nicht für immer, wir sind ja keine Illusionisten. Für immer...
Aber für länger. Also vielleicht ein Jahr? Oder zwei? Oder sechs? Keine größeren Probleme für sechs Jahre oder so? Das gibt es ja vielleicht doch. Warum sollten Menschen sonst so lange zusammen bleiben?

I Love you forever
(11 months)

Und man sitzt da
auf dem Bett und wartet,
dass der
andere nach
Hause kommt.
Von seinem
Wochenendtrip.
Man schreibt
sich vorher.

Juhu. Ich freu mich. Ich mich auch.

Und dann kommt der rein und man umarmt sich und küsst sich. Er zieht sich die Schuhe aus. Aber irgendwie anders als sonst. Langsamer oder sein Arm, der hängt schief oder man kann nicht richtig sagen, vielleicht die Aufregung. Man hat sich drei Tage nicht gesehen. Vielleicht die Aufregung, da muss man sich auch erstmal aneinander gewöhnen und aber der Arm, der hängt doch wirklich schief da rum. Als wollte er was sagen. Der Kopf ist der auch geknickt? Was ist das für eine Haltung? Sah der schon immer so aus?

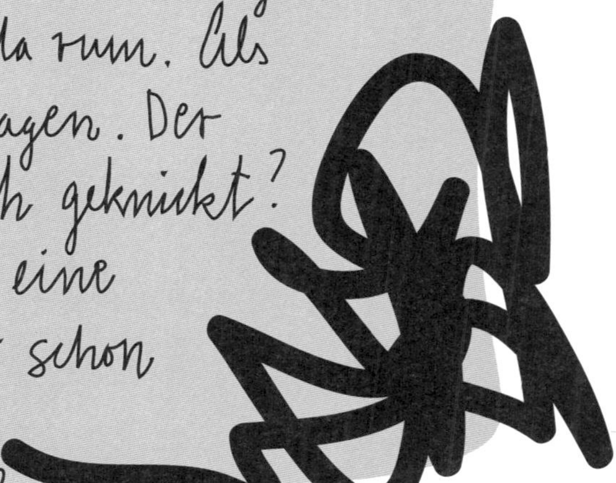

I DIDN'T GET THE TATTOO
OF YOUR NAME REMOVED.
BUT NOW IT SAYS NATHAN
(IS AN ASSHOLE).

Bin ich vielleicht hässlich?

Bin ich hässlich geworden?
Ist es deshalb komisch, weil
ich jetzt nach drei Tagen,
ist ihm da plötzlich auf-
gefallen, dass ich hässlich bin?
Und dann wischt man das
weg. Weil man ja jetzt glück-
lich ist und diese Selbstzweifel,
die hatte man früher, aber jetzt
nicht mehr. Früher ja. Jetzt nicht
mehr. Jetzt ist man glücklich und
nur die Aufregung macht das.
Die erste Stunde ist ja immer
ein bisschen wieder aneinander
gewöhnen. Und man fragt:
Hast du Hunger?
Und er: Ja.

I STILL HAVE YOUR
NETFLIX ACCOUNT.

Abendessen. Mit Brot
und Butter
und
Aufstrichen.

Man
ist und plaudert und isst und
lächelt und eigentlich ist der Arm
gar nicht komisch. Das hat man
sich vorher eingebildet. Da ist alles
völlig gerade bei dem. Bei dem ist
alles gerade. Bei anderen ist viel-
leicht was krumm. Aber bei dem
nicht. Der räumt sogar die Spül-
maschine zusammen mit einem
ein. Und man möchte es viel-
leicht nicht zugeben, aber man
könnte schreien vor Glück, wie
der die Spülmaschine einräumt, so
ganz selbstverständlich, als würde
er das sein ganzes Leben lang machen
wollen. Als würde er dafür
trainieren.

I KNEW IT WAS OVER
WHEN YOU TOLD ME
YOUR FAVORITE MOVIE WAS
GARDEN STATE.

Und dann sitzt dieser gleiche
Mensch, einem fünf
Minuten später
gegenüber
und ist auf
einmal Realität
geworden.
Und dann
gibt es
nur
noch eine
Sache, die einen
plötzlich
interessiert:

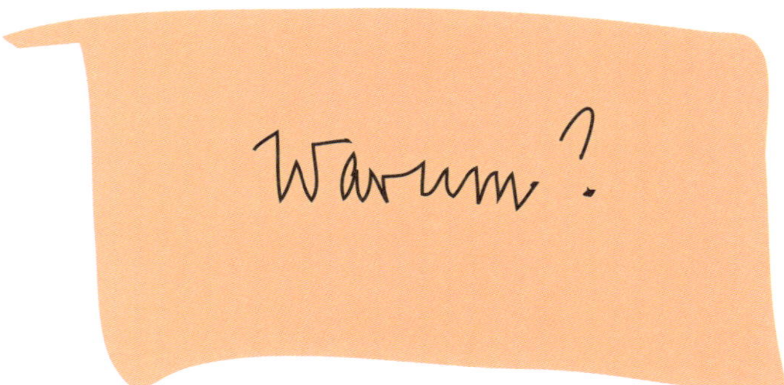
Warum?

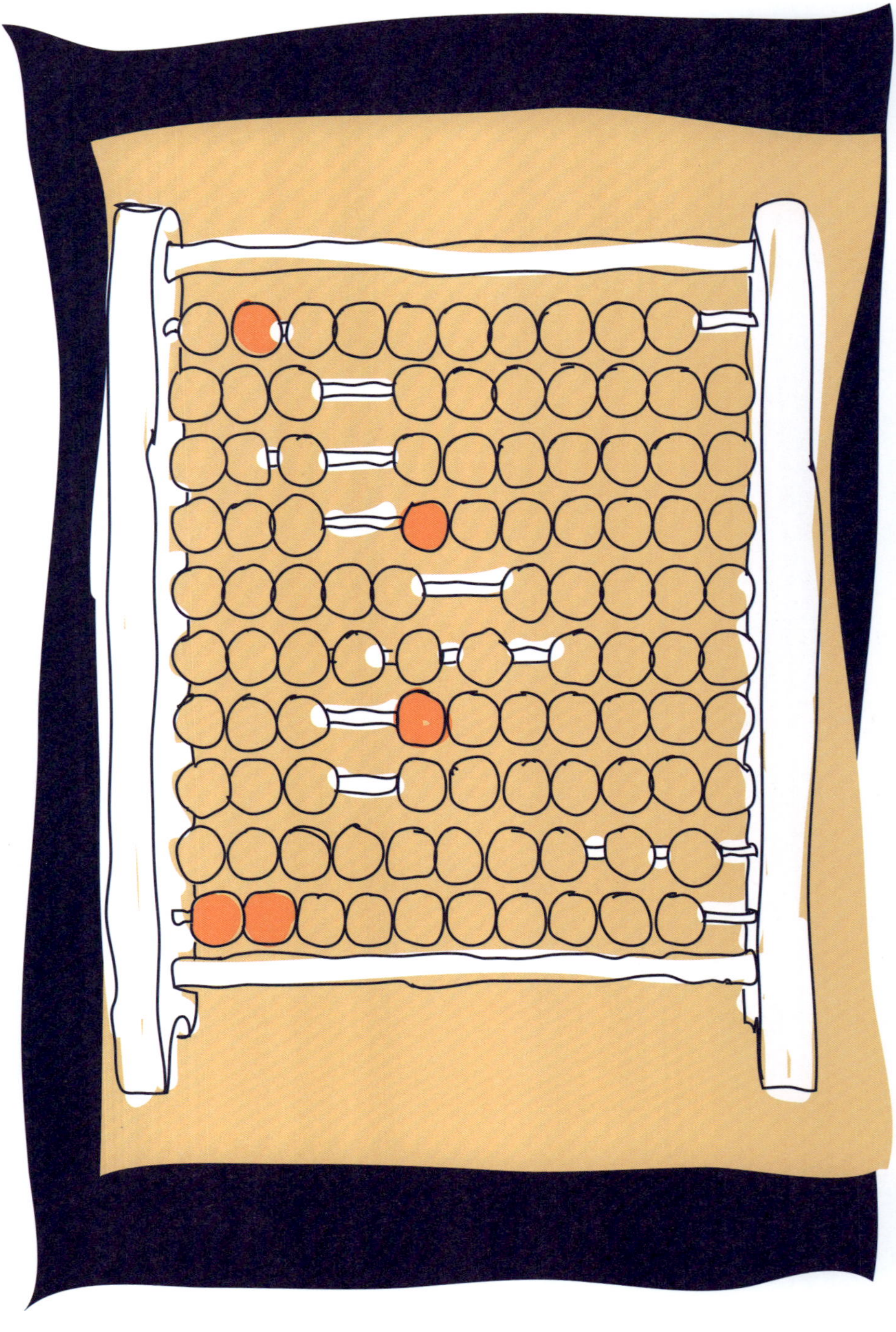

Ich denke oft an Vektoren.
Dass man wenn man die falsch berechnet, man vielleicht auf der richtigen Höhe ist, aber einen zu weit nach links oder nach rechts, und dann in der Luft hängt.
Und dann stelle ich mir vor,
wenn du um einen Vektoren nach rechts verschoben gewesen wärst, dann hätte sie dich nicht getroffen, als sie dich küssen wollte.
Das wäre ja bloß eine Zahl gewesen, die man da hätte austauschen müssen. Ein Rechenfehler, die sollen doch öfter mal vorkommen.
Das hätte ja auch sein können.

YOUR DICK WAS GREAT
BUT YOUR HEART IS NOT.

Ich rieche jetzt an Rosen.
So eine Person bin ich nun ge-
worden, die in der
Öffentlichkeit an
Rosen
riecht.

Gestern war ich wieder
im Park um an den Rosen
zu riechen, da bemerkte ich wie
sich zwei Beete weiter ein alter
Herr nieder beugte um ebenfalls an
einer Rose zu riechen. Und weil
wir uns kurz danach in die Augen
sehen, ist es plötzlich für keinen
von uns beiden mehr möglich an
einer weiteren Rose zu riechen.
Als wäre es etwas intimes. Das auf
gar keinen Fall gemeinsam in der
Öffentlichkeit getan werden darf.
Oder etwas sehr schwachsinniges.

Ich lasse
es mir gut
gehen, auch
wenn der Körper
nicht will, lasse
ich es dem gut
gehen. Auch wenn
der keine Lust
mehr hat, trinke
ich meinen Tee
und blicke in die Sonne
und weiß. Das ist jetzt und jetzt
und –

WANN ANTWORTEST DU MIR ENDLICH ?!

MY CAT IS BETTER COMPANY.
HE MAY NOT SATISFY ME SEXUALLY...
BUT NEITHER COULD YOU.

Das stand heute auf meinem Teebeutel.

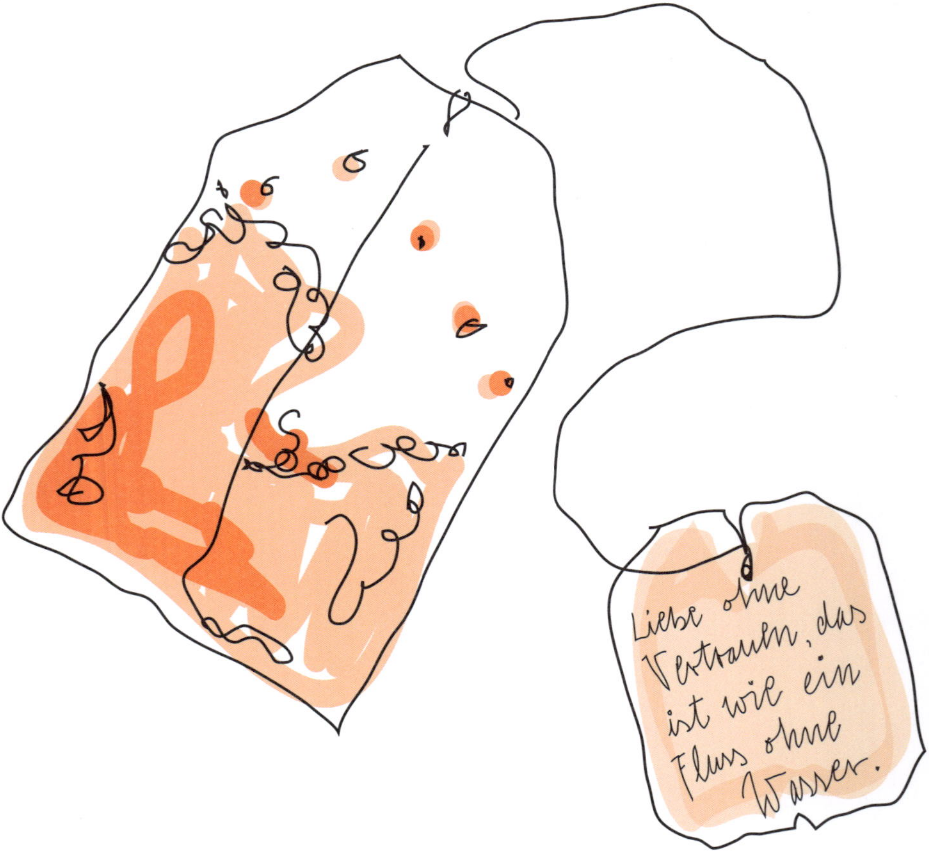

Tja, hab ich da gedacht.
Tja. Kann ja vielleicht auch ganz gut sein. So ein ausgetrockneter Fluss. Kann man drüber laufen. Ist vielleicht ja ganz schön, wenn man nicht mehr durch's Nasse muss. Oder ertrinkt.
Das kann ja vielleicht auch etwas positives haben. Eine positive Seite. Es muss ja nicht immer alles ein Fluss sein. Dann ist das halt gerade kein Fluss. Das heißt ja nicht, dass es keine Liebe ist.
Und im Internet stand, dass ich das jetzt auch nicht muss. Und ich vertraue dem Internet mehr als irgendeinem daher gelaufenen Teebeutel.

YOU MADE ME FEEL LIKE
I WAS SIMULTANEOUSLY
TOO MUCH AND NOT ENOUGH,
AND I HATE YOU FOR IT.

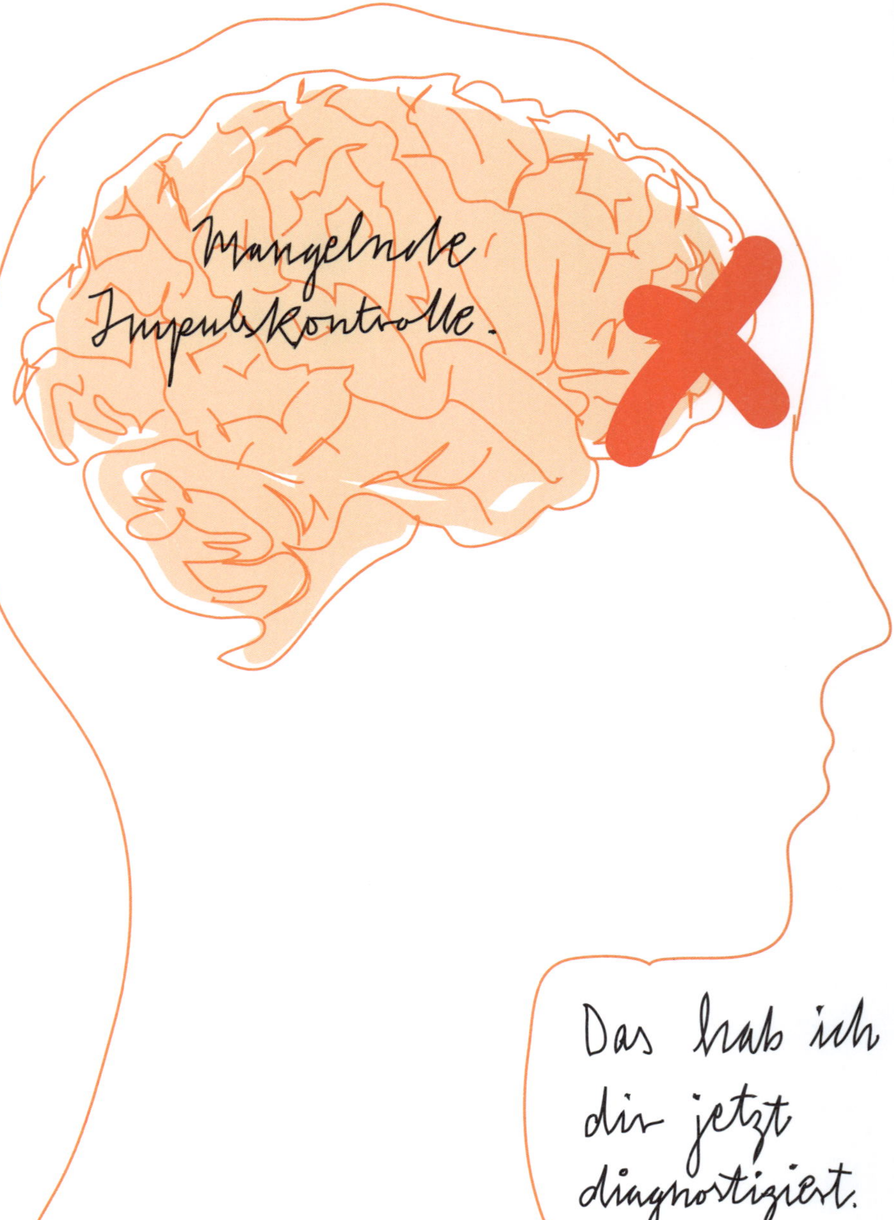
Mangelnde Impulskontrolle.
Das hab ich dir jetzt diagnostiziert.

Gern geschehen. Es klingt komisch, aber damit kann ich am besten leben. Ich weiß nicht, wie es mit dir ist.
Ich finde es gut, wenn dein Penis Schuld ist. Der Alkohol und der Penis. Beides schön phallisch. Das passt doch auch:

„Ihr Partner sollte ihnen von nun an stärker zurückversichern, was er tut, wer dabei ist. Das mag sich zuerst komisch anfühlen, da sie ihm wieder vertrauen möchten. Da ihr Partner dieses Grundvertrauen aber gebrochen hat, muss er es sich zuerst einmal Stück für Stück wieder erarbeiten."

YOU ARE A BAD PERSON.

Und ich will auch.
Ich will doch auch.

Ich will doch auch mit anderen. Ich lese diesen Text, einer von diesen Texten, die gerade umher-schwirren, so einen: „Polyamorie - Was in der monogamen Liebe falsch läuft!" Oder „LoveTM, wie wir an eine Liebe glauben, die nicht existiert!" Oder „Wie ich eine Sache ausprobiere seit einem halben Jahr und das läuft ganz okay und jetzt eine Lebensweise daraus bastele in dem ich einen Zeit-Artikel darüber schreibe." und fühle mich schlecht. Ich fühle mich so, wie als würde dieser Text machen, dass mein Freund fremdgeht. Oder das wollen könnte. Oder ich mit ihm darüber reden muss, ob er das wollen könnte. Ich muss mich dazu verhalten und ihn fragen, ob er das gut finden würde.

Man muss doch nur mal sein Denken
ändern und dann na klar ist das nicht leicht. Das ist
immer schwer, sich aus alten Denkmustern zu lösen.
Und da gibt es dann auch Eifersucht, aber das kann ja
auch eine Reise sein. Und dann irgendwann ist dieser
nur Gedanke, dass man mehr Menschen lieben kann,
der ist dann wahr geworden und es ist schön so.

SO CAN YOU TELL YOUR MOM
THAT WE`RE NOT GETTING BACK TOGETHER
SO SHE WILL STOP TEXTING ME
ON HOLIDAYS?

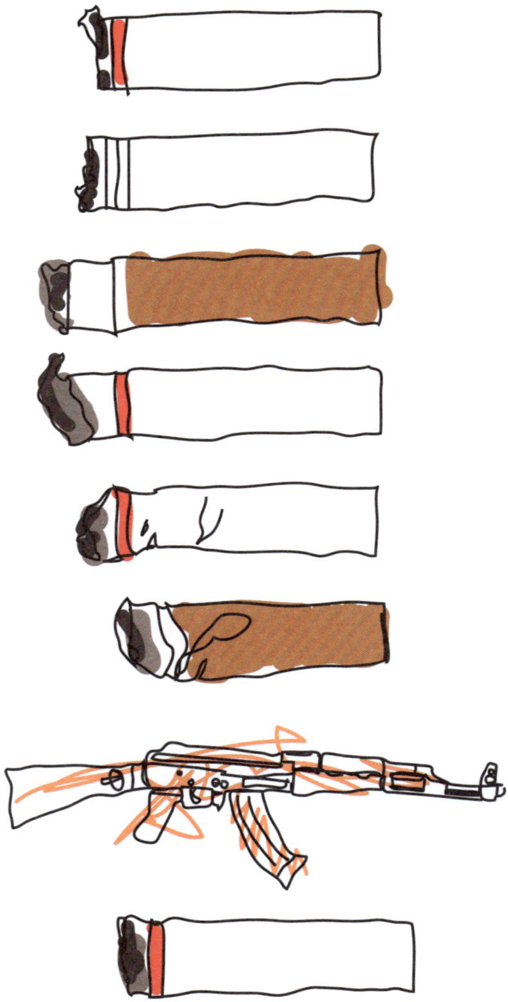

Ich bin jetzt sehr oft wütend. Dinge, die vorher keine Bedeutung hatten, die einem nicht aufgefallen wären. Eine Frau mit einem Pony zum Beispiel. Die neben einem in der Bahn steht. Die wäre einem sonst nie aufgefallen. Aber mit diesem Pony und der richtigen Assoziationskette ist diese Frau auch eine Kalaschnikow.

Du,
Wenn sich das irgendwann mal ändert.
Ich verzeihe dir. Also wenn du spürst,
dass du noch mit anderen Frauen schlafen
willst. Und. Ich verzeihe dir. Dann sag es
einfach bitte vorher und mach es nicht
einfach. Ich verzeihe dir. Wieder. Mach es nur
nicht. Ich verzeihe dir. Wieder. Ich verzeihe
dir. Ich verzeihe dir. Ich verzeihe dir. Du
kannst auch anrufen. Wenn. Ich verzeihe dir.
Wenn. Ich verzeihe dir. Wenn wir uns vorher
nicht sehen können. Ich verzeihe dir. Ich
verzeihe dir. Ich verzeihe dir. Ich verzeihe
dir. Einfach anrufen und sagen du. Ich
verzeihe dir. Da ist jemand und. Ich
verzeihe dir. Ich verzeihe dir. Ich verzeihe dir.
Ich verzeihe dir. Ich verzeihe dir. Ich verzeihe
dir. Ich verzeihe dir. Ich verzeihe dir. Ich
verzeihe dir.
Wir finden dann schon eine Lösung.

When you fall in love:
what is there
to compromise about?

Ist
schon
wieder

was
passiert?

Ich wünschte du wärst tot.

Ich wünsche dir den Tod.

Ich hab deine Baseballkappen aus
dem Fenster geworfen jetzt redest
du ständig davon. Wenigstens
etwas das du betrauerst. Und
ich hab mit Edding auf dein
Whiteboard geschrieben, dass
du ein Wichser bist.
Und ich hab Chiliöl in
deine Taschenmuschi gekippt.
Aber das weißt du noch nicht.
Das mit dem Chiliöl bereue ich.
Jetzt muss ich neues kaufen.

Wenn du eine offene Beziehung haben willst, wieso hast du es nicht einfach nach dem ersten Betrug gesagt? Wieso hast du gesagt es sei ein Fehler? Wenn du auf einmal poly bist, wieso hast du nichts gesagt, als ich meinte, dass ich jemand anderes auch toll finde? Wieso hast du so getan als sei dir Monogamie wichtig? Ich habe mich für dich entschieden und du? Weil deine Freiheit nur deine Freiheit wichtig ist.
Weil nur du dir selbst wichtig bist!
Du hattest Angst mir das zu sagen?
Du hattest Angst!
Und deswegen schläfst du einfach mit der! Und sagst es mir am nächsten Tag!

Weil das in deinem Kopf friedlich ko-existiert hat? Weil es okay für dich war? Hast du überhaupt Gefühle?

Wieso konntest du nicht nach Hause fahren mit mir reden und es dann machen? Als hätte es nur diese eine Möglichkeit gegeben. Oder anrufen? Ich habe dir gesagt, wenn du spürst, dass sich das ändert, rede mit mir. Was war so schwer daran? Ich habe deine Lügen so satt.

Diese Beziehung ist für mich nicht gescheitert. Du bist an dir selbst gescheitert und das ist nicht mehr mein Problem. Das musst du mit dir rumtragen.

Zumindest muss ich nicht mehr darüber nachdenken, wie ich dir das verzeihen kann. Ich muss nicht mehr nach Entschuldigungen suchen. Ich muss nicht mehr sagen, aber er liebt mich doch eigentlich. Ich muss nicht mehr so tun, als würde ich <u>nicht</u> die ganze Zeit daran denken. Ich muss nicht mehr wütend anrufen und zugeben, dass es doch so ist. Dass ich dich wieder hasse. Jetzt kann ich dich einfach für immer hassen. Ich muss nicht mehr an ihre dummen Gesichter denken. Ich muss nicht mehr versuchen es zu vergessen. Ich muss nicht mehr nett sein. Ich muss mich nicht mehr zurückhalten, weil das unsere Beziehung gefährden könnte, wenn ich zu lange darauf rumreite.

Und dann
schaust du mich
an und fragst
mich, ob du mir was
Gutes tun kannst?

So you did this
horrible thing
that meant nothing to you?
this thing that hurt me so much
meant nothing to you?

Du kannst deine Sachen abholen.

Vielen Dank an:

Azelia Opak und Lena Appel ohne Euch wäre dieser Text nicht entstanden. Für's zusammen im Kreis sitzen, an den Händen fassen und „to the left to the left"-Singen.

Meine Eltern, Elke und Karl-Ernst. Für's Zuhören und Dasein, jeden Tag.

Julia Pacher. Für's spontan sein und Rügen und Füße in den Sand und Briefe verbrennen im Mauerpark.

Iris Rupp. you're a full-time-friend.

Und vor allem: Julia Feller. Für's Großartig sein.

Sophia Hembeck, arbeitet als freischaffende Autorin, Regisseurin und Podcasterin in Berlin.

Julia Feller, ist Illustratorin und lebt in Köln.

Impressum

Autorin: Sophia Hembeck
www.sophiahembeck.com
Berlin

Illustratorin: Julia Feller
www.aesthetische-erziehung.de
Köln

erste Auflage
März 2018, Berlin
Druck: WIRmachenDRUCK GmbH, Backnang, Deutschland

*Die englischen zwischentexte sind (teilweise) anonyme SMS, die in dem Google-Docs-Spreadsheet „Things I want to text my Ex" gesammelt wurden https://docs.google.com/spreadsheets/d/1-50_OrSkaI__pnjkKXOyZMMzqIPmpT3KKSxCNx7EyAc/edit#gid=0 Stand: 03.04.2018